CATALOGUE

ESTAMPES

ANCIENNES ET MODERNES

PRINCIPALEMENT

De l'École française du XVIIIe siècle

DESSINS ET LIVRES

DONT LA VENTE AUX ENCHÈRES PUBLIQUES AURA LIEU

HOTEL DROUOT

SALLE N° 5

Le Samedi 16 Décembre 1871

A UNE HEURE PRÉCISE

Par le ministère de Me **BOULOUZE**, Commissaire-Priseur,
rue de Châteaudun, 24,
Assisté de **M. CLEMENT**, Md d'Estampes de la Bibliothèque Nationale,
rue des Saints-Pères, 3.

EXPOSITION PUBLIQUE

Le Vendredi 15 Décembre, de une heure à quatre heures.

PARIS — 1871

RENOU ET MAULDE
IMPRIMEURS DE LA COMPAGNIE DES COMMISSAIRES-PRISEURS
Rue de Rivoli 144.

CATALOGUE

ESTAMPES

ANCIENNES ET MODERNES

PRINCIPALEMENT

De l'École française du XVIIIe siècle

DESSINS ET LIVRES

DONT LA VENTE AUX ENCHÈRES PUBLIQUES AURA LIEU

HOTEL DROUOT

SALLE N° 5

Le Samedi 16 Décembre 1871

A UNE HEURE PRÉCISE

Par le ministère de **Me BOULOUZE**, Commissaire-Priseur,
rue de Châteaudun, 24,

Assisté de **M. CLEMENT**, M^d d'Estampes de la Bibliothèque Nationale,
rue des Saints-Pères, 3.

EXPOSITION PUBLIQUE

Le Vendredi 15 Décembre, de une heure à quatre heures.

PARIS — 1871

CONDITIONS DE LA VENTE

Elle sera faite au comptant.

Les Adjudicataires paieront, en sus des enchères, CINQ POUR CENT, applicables aux frais.

DÉSIGNATION

DES

ESTAMPES

ALBERTI (Chérubin)

1 — Henri IV, roi de France, en buste, vu presque de face. Dans un cartouche d'ornements entouré de figures (B. 124).

Très-belle épreuve.

BARTOLOZZI (F.)

2 — Marie Christine, archiduchesse d'Autriche, gouvernante générale des Pays-Bas, d'après Roslin.

Très-belle épreuve.

BAUDOIN (D'après)

3 — Le Fruit de l'amour secret, par Voyez jeune.

Très-belle épreuve avant toutes lettres, avec toute marge.

4 — La Toilette, par N. Ponce.

Très-belle épreuve.

BEAUVARLET (J.-F.)

5 — Les Chevaliers danois, séduits par les nymphes d'Armide.

Très-belle épreuve avant toutes lettres.

6 — Les Couseuses,

Superbe épreuve avant toutes lettres.

BELLA (E. DE LA)

7 — Vue et Perspective du Pont-Neuf de Paris.

Superbe épreuve avant la girouette placée sur le clocher de Saint-Germain-l'Auxerrois.

BERGHEM (NICOLAS)

8 — Les cinq Sujets d'animaux en hauteur. Suite de cinq estampes (B. 8-12).

Superbes épreuves avec l'adresse de F. de Witt sur la première feuille.

9 — L'Ane (B. 16).

Superbe épreuve du premier état, avant le numéro et avant l'inscription. Elle a de la marge.

BERVIC (CHARLES-CLÉMENT)

10 — L'Enlèvement de Déjanire, d'après le Guide. — L'Éducation d'Achille, d'après Regnault. Deux pièces faisant pendant.

Très-belles épreuves.

11 — La Demande acceptée, d'après Lépicié.

Très-belle épreuve.

BLOEMAERT (C.)

12 — Méléagre qui présente la hure du sanglier de Calédonie à Atalante, d'après Rubens.

Très-belle épreuve.

13 — La même estampe.

Bonne épreuve.

BOILLY (L.)

14 — L'Amant favorisé. — On la tire aujourd'hui, etc. Cinq pièces, dont une avant toutes lettres.

Très-belles épreuves.

BOLSWERT (S.-A.)

15 — L'Assomption de la Vierge, d'après Rubens.

Superbe épreuve du premier état, avec l'adresse de Martin Van den Enden.

16 — La même composition.

Superbe épreuve avant la lettre. Cette estampe est attribuée à Falck. Très-rare.

17 — Retour de chasse, d'après Rubens.

CAQUET

18 — La Soirée du Palais-Royal.

Très-belle épreuve.

CHEVILLET

18 *bis* — La jeune Coquette, d'après Raoux.

Très-belle épreuve avant toutes lettres.

CLOUWET (P.)

19 — Portrait de Anna Wake, d'après Van-Dyck.

Superbe épreuve avant la lettre.

DESNOYERS (A.-B.), baron

20 — La Foi, l'Espérance et la Charité. Trois pièces, d'après Raphaël.

Anciennes épreuves.

21 — Les Muses et les Piérides, d'après Perino del Vaga.

Superbe épreuve avant la lettre (lettres tracées). Elle a toute sa marge et est sur papier de Chine.

DESPLACES (L.)

22 — Portrait de Mlle Duclos, actrice du Théâtre-Français, d'après Largillière.

Superbe épreuve.

*

DOLENDO (B.)

23 — Pyrame et Thisbé. Pièce gravée dans le goût de Lucas de Leyde.

Très-belle épreuve.

24 — La Paysanne qui avait insulté le poëte Virgile est punie de son indiscrétion.

Belle épreuve.

DREVET (P.)

25 — Desjardins (Marianne-Marie-Cadesne, femme de), d'après Rigaud.

Très-belle épreuve avant toutes lettres.

26 — Philippe V, roi d'Espagne, d'après Rigaud.

Superbe épreuve.

27 — Forest (Jean), peintre, d'après Largillière.

Superbe et rare épreuve avant toutes lettres.

28 — Rigaud (Hyacinthe), tenant un porte-crayon, d'après lui-même.

Très-belle épreuve.

29 — Serre (Maria), mère de H. Rigaud, d'après lui.

Très-belle épreuve.

DREVET (P.-I.)

30 — Adam et Eve chassés du Paradis. — Le Sacrifice d'Abraham. Deux pièces, d'après Coypel.

Très-belles épreuves.

DURER (Albert)

31 — Le Ravissement d'une jeune femme (B. 72).

Très-belle épreuve tirée avant les taches de rouille, plus une copie de l'Enlèvement d'Amymone.

DYCK (A. VAN)

32 — Iconographie des portraits de Van Dyck. Un vol. in-fol., maroq. vert, renfermant 108 portraits, par et d'après Van Dyck, publié par Gillis Hendrix.

EARLOM (R.)

33 — Révolution française : scène du 30 août 1792, d'après Zoffany.

Très-belle épreuve.

EDELINCK (G.)

34 — Champaigne (Philippe de), peintre du roi et recteur de l'Académie royale de peinture (164).

Très-belle épreuve du premier état, avant le trait échappé.

FALCK (J.)

35 — Christine, reine de Suède, en Minerve.

Très-belle épreuve.

FESSARD

36 — Bal de Saint-Cloud, d'après Stanislas Poussin.

Très-belle épreuve.

36 *bis* — La Cage symbolique, d'après le peintre.

Superbe épreuve avant toutes lettres. La tablette du bas est blanche. Rare.

FRAGONARD (D'après)

37 — Les Enfants du fermier, par Beauvarlet.

Superbe épreuve avant toutes lettres.

FREUDEBERG et autres

38 — La Complaisance maternelle. — J'y passerai. — Le Bonheur du ménage, par Delaunay. — Finissez, par Marchand. Cinq pièces dont une double.

Belles épreuves.

GOLTZIUS (H.)

39 — Un Porte-Enseigne tenant le drapeau de son régiment (B. 125).

Superbe épreuve.

40 — Un Capitaine d'infanterie marchant avec une hallebarde à la main (B. 126).

Très-belle épreuve.

41 — Un Officier de guerre tenant sa hallebarde de la main gauche (B. 215).

Très-belle épreuve.

42 — La même estampe.

Copie en contre-partie par un anonyme, avec cette différence que la tête représente d'antres traits.

GOYA (F.)

43 — Les Proverbes, suite de 18 eaux-fortes, publiées par l'Académie royale de San-Fernando. Madrid, 1864; un vol. in-fol., oblong.

HALUECH (A.)

44 — Victoria Roborea, fille de Ferdinand II, duc d'Étruriæ.

Très-belle épreuve.

HOGARTH (D'après W.)

45 — Mariage à la mode. Suite de six estampes.

Très-belles épreuves.

HOLLAR (W.)

46 — Les quatre Saisons. Suite de quatre estampes.

Très-belles épreuves.

HUCHTENBURG

47 — Marche du Roi, accompagné de ses gardes, passant sur le Pont-Neuf et allant au Palais, d'après Van der Meulen.

Très-belle épreuve.

HUMBLOT

48 — Hôtel de Soissons, établi pour le commerce du papier, en 1720.

Très-belle épreuve avec toute sa marge.

49 — Rue Quincampoix en l'année 1720.

Très-belle épreuve avec toute sa marge.

HUMBELOT (J.)

50 — Les quatre Parties du jour, représentant l'histoire de l'Enfant prodigue. Suite de quatre estampes.

Belles épreuves.

51 — L'Innocence et l'Adolescence. Deux pièces représentant des costumes de l'époque Louis XIII.

Très-belles épreuves.

INGOUF

52 — Les Canadiens au tombeau de leur père, d'après Le Barbier.

Très-belle épreuve avant la lettre.

IODE (P. DE)

53 — La Folie montrant un moine qui tient un hibou, d'après Jordaens.

Belle épreuve.

JEGHERS (CH.)

54 — Hercule exterminant la Fureur et la Discorde.

Très-belle épreuve.

KITTENSTEYN (C.)

55 — Les Sens. Suite de cinq estampes, d'après Hals.
Très-belle épreuve.

LANCRET (D'après)

56 — Le Turc amoureux. — La belle Grecque. Deux pièces par Schmidt.
Très-belles épreuves.

LASNE (Michel)

57 — Portrait équestre de Louis XIII.
Très-belle épreuve.

LAVRINCE (D'après)

58 — Le Restaurant.
Superbe épreuve avant toutes lettres.

59 — Le Billet doux, par Delaunay.
Superbe épreuve avant la lettre.

60 — La Comparaison, par Janinet.
Très-belle épreuve imprimée en couleur. Elle est sans marge.

LEBARBIER (D'après)

61 — Les Amants surpris, par Patas.
Superbe épreuve avant la lettre. Elle a toute sa marge.

LE BAS

62 — Le Cygne effrayé. — La Curée faite. Deux pièces faisant pendants, d'après Oudry.
Très-belles épreuves.

LE GRAND (P.-F.)

63 — D'Epremesnil (Jacques-Duval), d'après Bernard.

LE NOIR

64 — Vue du Vaux-Hall de la foire Saint-Germain.
Superbe épreuve. Très-rare.

LOMBART (P.)

65 — Les Comtesses, d'après Van Dyck. Quatre pièces, plus le portrait de Emelia de Solms, par Waumans. Cinq pièces.
Très-belles épreuves.

MATHAM

66 — Vénus et Cérès (B. 18-20). Deux pièces.
Très-belles épreuves.

67 — Les quatre Saisons. Suite de quatre estampes (B. 51-54).
Très-belles épreuves.

68 — Cupidon venant trouver au lit sa chère Psyché, d'après Bloemaert (B. 76).
Très-belle épreuve.

69 — Les Amours des Dieux. Suite de quatre estampes, d'après Goltzius (B. 156-159).
Très-belles épreuves.

70 — Une Hollandaise apportant du poisson dans une chambre (B. 165). — Un homme parlant à une femme qu'il prend par les épaules (B. 166). Deux pièces d'après Laugepier.
Très-belles épreuves.

71 — Divers Sujets de mythologie. Suite de huit estampes (B. 278-285).
Superbes épreuves. Une pièce manque pour que la suite soi complète.

72 — Pièce allégorique sur la mort, d'après Karel Van Mander.
Très-belle épreuve.

MELLAN (Cl.)

73 — Louis XIII à cheval et foulant aux pieds des dépouilles guerrières, d'après Ziarnko.
Très-belle épreuve. Ce portrait sert de frontispice pour Tacite.

MOITTE

74 — La Paresseuse, d'après Greuze. — La Bohémienne, par Visscher. Deux pièces.

MOREAU (J.-M.) le jeune

75 — Vue de la place Louis XV. Petite pièce gravée à l'eau-forte. Très-rare.
Superbe épreuve.

MOREAU (D'après J.-M.)

76 — Le Couronnement de Voltaire, par Gaucher.
Superbe épreuve avant la lettre. Rare.

77 — Buste de la comtesse d'Artois, entouré de figures allégoriques, par Simonnet.
Superbe épreuve avant toutes lettres.

78 — J'en accepte l'heureux présage. — La grande Toilette. — Le Seigneur chez son fermier. Trois pièces.
Belles épreuves.

MORIN (J.)

79 — Grimberghe (Honorine), comtesse de Bossu, d'après Van-Dyck (56).
Très-belle épreuve.

MULLER (J.)

80 — La Vierge ayant sur ses genoux l'Enfant Jésus qui tient une fleur, d'après B. Spranger (B. 66).
Très-belle épreuve.

MULLER (J.)

81 — Les Nymphes de la terre, redevables à Vénus de leur fécondité, lui présentent les premices des fleurs, d'après B. Spranger (B. 73).

Très-belle épreuve.

82 — Chrétien IV, roi de Danemark, d'après P. Isaac.

Epreuve de la plus grande rareté. Il n'y a que la tête du personnage de terminée. Les vêtements, la collerette et les mains ne sont indiqués qu'au trait, le fond est blanc.

83 — Le même portrait.

Superbe et très-rare épreuve avant toutes lettres. Le fond de l'estampe, à droite, est encore blanc.

MULLER (J.-G.)

84 — Portrait de Mme Le Brun, d'après elle-même.

Superbe épreuve avant toutes lettres; elle a de la marge.

85 — La même estampe.

Très-belle épreuve.

NANTEUIL (R.)

86 — Beaufort (François de Vendôme, duc de), surnommé le Roi des Halles (B. D. 33).

Très-belle épreuve du premier état.

87 — Chapelain (Jean), membre de l'Académie française (R. D. 60).

Très-belle épreuve.

88 — Charles-Emmanuel II, duc de Savoie (R. D. 61).

Très-belle épreuve.

89 — Le même portrait.

Très-belle épreuve.

90 — Charles II, de Gonzague, duc de Mantoue (R. D. 62).

Très-belle épreuve.

NANTEUIL (R.)

91 — Marie-Jeanne-Baptiste de Savoie-Nemours, duchesse de Savoie (R. D. 69).
Très-belle épreuve du premier état; elle a de la marge.

92 — Dupuy (Les deux frères Pierre et Jacques), sur la même feuille (89).
Superbe épreuve du premier état.

93 — Gillier (Mme de). (R. D. 103).
Très-belle épreuve.

NANTEUIL (D'après R.)

94 — Marc de Wulson, sieur de la Colombière, gravé par Regnesson.
Très-belle épreuve.

PASSE (Crispin de)

95 — Les quatre Eléments, d'après M. de Vos. Suite de quatre estampes.
Très-belles épreuves.

POMARD (Le chevalier de)

96 — La Marchande de Châtaignes, d'après Saint-Aubin.
Très-belle épreuve.

PONTIUS (Paul)

97 — Portrait de Rubens, d'après Van Dyck.
Très-belle épreuve avec toute sa marge.

98 — Marie de Médicis, d'après Van Dyck.
Très-belle épreuve.

99 — Portrait de Paul Pontius, d'après Van Dyck.
Très-belle épreuve du troisième état, avec les lettres G. H.

POUSSIN (N.)

100 — Jeux d'enfants. (R. D. VI, p. 203).
Superbe épreuve avant l'adresse de C. Mariette. Rare.

QUEVERDO (D'après)

101 — Les Baigneuses champêtres, par Dembrun.
Très-belle épreuve.

RAIMONDI (Marc-Antoine)

102 — Le Martyre de saint Laurent, d'après Baccio Bandinelli (B. 104).
Très-belle épreuve.

103 — Le Jugement de Pâris, d'après Raphaël, par Marc de Ravenne (B. 246).
Superbe épreuve.

104 — La Façade aux Cariatides, d'après Raphaël (B. 538).
Très-belle épreuve.

RIBERA (J.)

105 — Silène (B. 13).
Très-belle épreuve du deuxième état.

SADELER (E.)

106 — Petrus Breugel, peintre. — Charles de Longueval, comte de Buquoy. Deux pièces.
Très-belles épreuves.

107 — Rudolphe II, empereur d'Autriche, Sigismond Bathori, prince de Transylvanie. Deux pièces.
Très-belles épreuves.

108 — Présentation au Temple.
Superbe épreuve.

SADELER (J.)

109 — Les quatre parties du monde, d'après M. de Vos. Suite de quatre estampes.

Très-belles épreuves.

SAENREDAM (JEAN)

110 — Pièce emblématique au sujet des victoires remportées sur les Espagnols, par les Etats des Provinces-Unis, sous la conduite du prince Maurice de Nassau (B. 9).

Belle épreuve.

111 — Vénus couchée sur un lit, d'après Pierre Isaac (B. 104).

Très-belle épreuve.

112 — Adam donnant des noms à tous les animaux. — Ève se laissant séduire par le démon, et présentant à son mari le fruit défendu. Deux pièces.

Très-belles épreuves.

SAINT-AUBIN (D'après AUG. DE)

113 — Tableau des portraits à la mode. — La Promenade des remparts de Paris. Deux pièces faisant pendant gravées par P. F. Courtois.

Superbes épreuves avec de grandes marges.

SAINT-AUBIN (A. DE)

114 — Adrienne Sophie, marquise de.....

Très-belle épreuve.

SAINT-NON

115 — La Jeune Malade. Pièce gravée à l'eau-forte.

Très-belle épreuve.

SCHMIDT (G.-F.)

116 — La Fiancée Juive, d'après Rembrandt (128).
Superbe épreuve.

117 — Portrait du joaillier Dinglinger de Dresde, d'après Ant. Pesne (148).
Superbe épreuve.

118 — Grapendorf (Louise-Albertine de Brandtbourg, baronne de), d'après N. Lesueur.
Très-belle épreuve.

SCHMUTZER

119 — Saint Ambroise, archevêque de Milan, refusant l'entrée de l'Église à l'empereur Théodose, d'après Rubens.
Très-belle épreuve avant la lettre, avec toute sa marge.

SILVESTRE (J.)

120 — Vue et Perspective de la maison de Sceaux, du côté du jardin.

SOUTMAN

121 — Sennachérib épouvanté du carnage que l'ange exterminateur fait dans son armée, d'après Rubens.
Très-belle épreuve.

122 — Silène ivre, soutenu par un Satyre et une Négresse d'après Rubens.
Très-belle épreuve.

123 — Chasse au Lion et à la Lionne, d'après Rubens.
Très-belle épreuve.

STOOP (T.)

124 — Le Roi égyptien et ses singes (W. 44).
Très-belle épreuve.

STRANGE (R.)

125 — Les enfants de Charles Ier, d'après Van Dyck.
Très-belle épreuve.

SUYDERHOEF (Jonas)

126 — Les Bourgmestres d'Amsterdam recevant un envoyé de Marie-de-Médicis, d'après T. Keyser.
Très-belle épreuve.

127 — Henriette de France, reine d'Angleterre, d'après Van Dyck.
Superbe épreuve.

128 — Jean, comte de Nassau, d'après Van Dyck.
Très-belle épreuve.

129 — Vladislas IV, roi de Pologne, d'après Soutman.
Superbe épreuve du premier état, avant le n° 9.

SWANENBURG

130 — La Madeleine. Saül et quatre des apôtres. Suite de six estampes, d'après A. Bloemaert.
Superbes épreuves.

TÉNIERS (D.)

131 — Les Joueurs de boules.
Très-belle épreuve.

132 — Le Paysan galant.
Très-belle épreuve.

THOMAS (Jean)

133 — Pastorale où un berger et une bergère se tiennent par la main. Pièce en hauteur.
Superbe épreuve du premier état, avant toutes lettres. Rare.

THOMASSIN

133 *bis* — Voulez-vous triompher des belles, etc., d'après Watteau.

Très-belle épreuve.

TORTOREL (J.) et PERRISSIN

134 — Douze pièces tirées de leur œuvre, avec le titre en Français. R. D. 16-17-19-21-22-23-26-31-33-35-36-27.

TRINQUESSE (D'après)

135 — L'Irrésolution ou la Confidence. — Le Retour trop précipité. Deux pièces faisant pendant, gravées par Pierron.

Très-belles épreuves avant la dédicace.

VISSCHER (J. DE)

136 — Hulst (Abraham-Vander), vice-amiral de Hollande.

Superbe épreuve.

VORSTERMAN (L.)

137 — La Mise au tombeau, d'après Raphaël.

Superbe épreuve.

138 — La Querelle des Paysans. Pièce connue sous le nom du *coup de fléau*, d'après Breughel.

Superbe épreuve.

WATTEAU (D'après)

139 — L'Embarquement pour Cythère, par Tardieu.

Superbe épreuve.

WATSON

140 — Portrait de Mme de Colbert, sous la figure de Vertumne et Pomone, d'après Netscher.

Très-belle épreuve avant la lettre.

WIERIX (J.)

141 — La Puissance de la mort. Petite pièce avec costumes du temps.

Très-belle épreuve.

142 — Albert, archiduc et cardinal d'Autriche.

Superbe épreuve.

143 — Hôpital (Michel de L'), chancelier de France.

Belle épreuve.

WILLE (J.-G.)

144 — Agar présentée à Abraham, par Sara (L. B. 1).

Magnifique épreuve avant toutes lettres et avant les armes ; elle est imprimée sur papier de Chine non collé.

145 — Repos de la Vierge, d'après Dietricy (L. B. 2).

Très-belle épreuve avant la dédicace.

146 — La Mort de Cléopâtre (L. B. 5).

Superbe épreuve avant toutes lettres, avec les armes. Très-rare.

147 — Le Maréchal-des-Logis (L. B. 14).

Très-belle épreuve avant toutes lettres et avant les armes.

148 — Les Musiciens ambulants (L. B. 52).

Superbe et très-rare épreuve avant toutes lettres, avec les armes; elle a de la marge.

Les Offres réciproques (L. B. 53).

Superbe et très-rare épreuve avant toutes lettres et avant les armes. Dans le bas à gauche, un essai de paysage, gravé à l'eau-forte. Elle a de la marge.

149 — Le Concert de famille (L. B. 54)

Très-belle épreuve avant tontes lettres, avec les armes.

150 — L'instruction paternelle. Estampe connue sous le nom de : Robe de Satin (L. B. 54).

Très-belle épreuve.

151 — Le Jeune Joueur d'instrument, d'après Schalken (L. B. 57).

Très-belle épreuve. Elle a toute sa marge.

WILLE (J. G.)

152 — Les Délices maternels (L. B. 58). — Les Soins maternels (L. B. 59). Deux pièces.

Très-belles épreuves avant toutes lettres. Une est avec les armes.

153 — L'Observateur distrait, d'après G. Netscher (L. B. 65).

Magnifique épreuve avant toutes lettres, avec des essais de burin dans la marge du bas.

154 — Le Petit Physicien, d'après G. Netscher (L. B. 66).

Très-belle épreuve.

155 — La Petite École (L. B. 69).

Superbe épreuve avant toutes lettres, avec les armes.

La Maîtresse d'École (L. B. 70).

Superbe épreuve avant la lettre, avec les armes.

156 — Bonne Femme de Normandie. — Sœur de la bonne femme de Normandie (L. B. 71-72). Deux pièces.

Très-belles épreuves avant toutes lettres. Une est avec les armes.

157 — Les Bons Amis, d'après Ostade.

Très-belle épreuve.

WILLE (P.-A.) fils

158 — Petit Waux-Hall.

Très-belle épreuve.

WOOLLETT (W.)

159 — La Bataille de la Hogue, d'après B. West.

Très-belle épreuve avant la lettre, lettres tracées.

160 — The Jocund Peasant. The Cottagers. Deux pièces faisant pendant, d'après Dusart.

Très-belles épreuves ; elles ont toutes la marge.

WYNGAERDE (F. Vanden)

161 — Des soldats faisant tapage, d'après Rubens.
Superbe épreuve.

ZEEMAN (R.)

162 — Vues de Paris et de ses environs. Suite de huit estampes (B. 55-62).
Très-belles épreuves.

DIVERS

163 — Dix-sept pièces portraits et Sujets divers.

164 Caricatures Parisiennes, parmi lesquelles se trouve le café des Aveugles. Dix pièces.

DESSINS

165 — Deux dessins, intérieurs d'auberges.
A la plume, lavés d'aquarelle.

LIVRES

166 — Le Sacre de Louis XV, roi de France et de Navarre dans l'église de Reims, le dimanche 25 octobre 1722. Un vol. in-fol., veau, aux armes de France.

167 — 174 planches, avec texte, de l'histoire de France, d'après Moreau le jeune et autres.

93 Planches de l'histoire romaine, avec texte, en tout 267 pièces.

Renou et Maulde, imprimeurs de la Compagnie des Commissaires-Priseurs, rue de Rivoli, 144. 14069

www.ingramcontent.com/pod-product-compliance
Ingram Content Group UK Ltd.
Pitfield, Milton Keynes, MK11 3LW, UK
UKHW032035260826
14628UKWH00006B/2973

9 782329 548074